관세음보살 42수 진언

사 경 집

관세음보살 42수 진언

해강 엮음

가산북
GASANBOOK 도서출판

서문

관세음보살의 자비는 처소가 없어 우주 법계에 두루 가득 찼도다.

2020년부터 우리에게 찾아온 악재 코로나로 세상이 답답하던 시절 마음의 평화를 갖기 위해 관세음보살 42수 기도를 하게 되었다. 그러던 중 백일기도 중반쯤에 기도 체험을 하게 되어 42수 기도집을 편집하여 출간하기로 했다.

세간에 나와 있는 42수 그림들이 일관되지 않고, 조잡하거나 뚜렷하지 않아 여러 불모님을 섭외하던 중 색상을 원색으로 하여, 그림의 원본을 해치지 않는 범위에서 완성한 정헌 거사님의 컴퓨터 그림을 선택하게 되었다.

30여 년 전 알고 지내던 스님께서 42수 사경기도를 하던 중 그 스님 손바닥에 관세음보살의 눈이 생기는 것을 목격하였다. 출가 초반에 경험한 종교적 체험은 필자가 출가수행을 하는데 크나큰 믿음의 토대가 되었다.

누구든 이 기도집과 사경집을 가지고 열심히 기도하다 보면 현실적 소망을 이룰 수 있다는 신념과 더 나아가 깨달음을 이룰 수 있다는 믿음으로 이 두 권의 책을 출간하게 되었다.

이 책이 많은 불자님께 전해져 각자 처해있는 소망을 담아 자신에게 맞는 진언을 암송하거나, 또는 도반 가족 친구들에게도 전달할 수 있는 진언을 찾아 근기에 맞게 건네주어도 좋겠다.

처음 기도 중 가피를 입게 된 것이 사경집이었는데 일을 진행하다 보니 기도집까지 출간하게 되었고, 더 나아가 기도처럼 할 수 있는 보석십자수까지 제작하게 되었다.

진언은 정리하던 중 자료가 많지 않아 어려움을 겪었지만, 세간에 나와 있는 책들을 참고삼아 산스크리트어, 실담어(산스크리트어가 중국에 전해서 중국화된 산스크리트어), 그리고 한글로 고착화된 산스크리트어 세 가지 언어를, 그동안 전래된 습관 언어들을 과감하게 원어에 가깝게 발음을 하였고 다만 종결어미인 "사바하, 훔 바 탁, 맘타" 같은 단어들은 습관성 어려움을 생각하여 기존의 한국형 산스크리트어 를 선택하였다.

예를 들어 관세음보살 제1수 진언인 "여의주수진언 : 옴 바아라 바다라 훔 바탁" 은 "옴 바즈라 바따라 훔 바탁"으로 기존의 관습화된 언어를 과감하게 변형시켰으 며, 훔 바탁은 위에서 언급한 바와 같이 그대로 두었다. 부족한 부분은 후에 실력 있는 후학자의 완벽한 음사를 기대하는 바이다.

이 책에 인연이 있는 모든 분이 행복하고 기도 가피가 있기를 발원하며, 출간을 도와주신 가산북 편집장이시며 이번 수인을 직접 컴퓨터로 그림 완성을 해 주신 정헌 거사님, 책을 책답게 만들어주신 송해용님과 쏠트라인 대표 고미숙님께 감사 의 말씀을 전합니다. 이 책의 출판 공덕은 부처님과 은사님과 도반과 시은施恩에게 회향하오며, 마지막으로 세상에 저를 있게 해주신 아버지 이영원과 어머니 신현순 두 분의 영가님이 극락세계 왕생하시길 발원합니다.

여러 불자님 모두가 행복하시길 발원 드립니다.

2023. 4. 26
무봉산 자락 원각사에서
가산 해강 합장

관세음보살 42수 기도 공덕과 의미

관세음보살의 산스크리트 의미는 (Āvalokiteśvara) "세상의 모든 중생의 고통을 살피는데 자재하신 분" 정도로 설명할 수 있겠다. 그러한 관세음보살의 공덕 중에 천수대비주와 별도로 설하고 있는 것이 42가지 중생의 소망을 성취시키는 진언이다. 경전에는 42가지 진언별로 손모양(무드라 : Mudra)을 한 그림으로, 그 손모양을 보면서 진언을 염송하는 것이다.

무드라는 마음과 몸을 연결시키는 움직임이며, 그 동작을 통하여 우주의 에너지 또는 불보살님의 원력에 계합하여 하나가 되는 뜻으로 해석할 수 있겠다.

우리가 흔히 절에서 불상을 보게 되면 각기 다른 손모양을 보게 되는데 그 손모양 하나하나가 각기 다른 뜻을 갖고 있다는 뜻이기도 하다.

『불설 천수천안 관세음보살 광대원만 무애 대비심 대다라니경』에서 관세음보살의 수인과 진언을 42가지로 구체화한 것이 42수 경이다. 중생의 소원과 근기에 따라 42수 진언에서 전체 또는 자신에게 맞는 진언을 선택하여 외우되, 이때 관세음보살의 손모양과 지물을 마음속으로 생각하고 진언을 외우면 그 불가사의한 위신력과 공덕의 가피를 입게 될 것이다.

중생의 괴로움은 주로 얻고자 하는 것이 이루어지지 않을 때 괴로움이 생기고, 병 또는 죽음에 이를 때 고통이 따른다. 42수 진언은 우리가 살아가는 현실 속 소망을 성취하는 진언이다. 병을 얻은 이는 「보발수 진언」이나 「양류지수 진언」을 외우거나 사경을 하고, 널리 배우거나 시험을 앞둔 학생들에게는 「보경수 진언」을 외우거나 사경을 하여 뜻을 성취해 나아가게 하는 것이다.

가내길상 발원문

귀의 삼보 하옵니다.

언제나 큰 자비로 중생의 이익을 위해 세상에 출현하시어 평등하게 중생을 살피시는 부처님!

지극한 마음으로 두 손 모아 간절히 발원합니다.

제가 항상 불법승 삼보의 존귀함을 찬탄하고, 사성제, 팔정도의 이치를 배워 육바라밀 수행을 게을리하지 않는 불자로 살아가게 하소서

부처님! 항상 일상에 부처님의 공덕이 크게 빛나서 하는 일마다 막힘이 없고, 저희 가족 모두가 불보살님의 믿음 견고하여 미래에 대한 두려움이 없이 나아가길 발원하며, 어린아이는 꿈과 희망을, 어르신은 생로병사의 편안함을 주시어 살아감에 감사함을 알게 하며, 사람마다 착한 뜻 함께하여 세상 모든 이들에게 밝은 빛이 되어 모두가 행복하길 발원합니다.

영원한 의지처이며, 중생인 우리의 고통을 구제해 주시는 거룩하신 부처님의 크신 원력, 가피를 입고 있음에 감사하며, 살아가는 동안 병 없이 건강하고, 하는 일들은 무탈하고 장애가 없으며, 만나는 사람마다 선연의 공덕이 있고, 늘 착하고 정직하게 살아가는 불자가 되어 부처님의 원력에 힘입어 깨달음에 이르기를 간절히 발원합니다.

부처님! 지난 세월 알게 모르게 행했던 제가 지은 모든 죄를 참회합니다.

원성취 진언

『옴 아모카 살바다라 사다야 시베 훔』(세번)

보궐 진언

『옴 호로호로 사야목케 사바하』(세번)

원하옵건데 이 공덕이 일체에 널리 퍼져
저와 같은 중생들이 극락국토에 태어나
아미타불 함께 뵙고 모두 성불하여지이다.

○○년 ○○월 ○○일 ○○○ 합장 발원

나무 서가모니불
나무 서가모니불
나무 시아본사 서가모니불

관세음보살 육자대명왕 진언

모든 번뇌와 죄악이 소멸되고
온갖 지혜와 공덕을 성취하는 진언

옴 마니 빠드메 훔

옴 마니 빠드메 훔

옴 마니 빠드메 훔

옴 마니 빠드메 훔

옴 마니 빠드메 훔

옴 마니 빠드메 훔

옴 마니 빠드메 훔

옴 마니 빠드메 훔

옴 마니 빠드메 훔

옴 마니 빠드메 훔

옴 마니 빠드메 훔

옴 마니 빠드메 훔

옴 마니 빠드메 훔

옴 마니 빠드메 훔

옴 마니 빠드메 훔

옴 마니 빠드메 훔

옴 마니 빠드메 훔

옴 마니 빠드메 훔

옴 마니 빠드메 훔

옴 마니 빠드메 훔

옴 마니 빠드메 훔

옴 마니 빠드메 훔

옴 마니 빠드메 훔

옴 마니 빠드메 훔

옴 마니 빠드메 훔

옴 마니 빠드메 훔

옴 마니 빠드메 훔

옴 마니 빠드메 훔

옴 마니 빠드메 훔

옴 마니 빠드메 훔

옴 마니 빠드메 훔

옴 마니 빠드메 훔

如意株手

01 여의주수 진언
풍요롭고 안락한 삶을 성취하는 진언

옴 바즈라 바따라 훔 바탁

옴 바즈라 바따라 훔 바탁

옴 바즈라 바따라 훔 바탁

옴 바즈라 바따라 훔 바탁

옴 바즈라 바따라 훔 바탁

옴 바즈라 바따라 훔 바탁

옴 바즈라 바따라 훔 바탁

옴 바즈라 바따라 훔 바탁

옴 바즈라 바따라 훔 바탁

옴 바즈라 바따라 훔 바탁

옴 바즈라 바따라 훔 바탁

옴 바즈라 바따라 훔 바탁

옴 바즈라 바따라 훔 바탁

옴 바즈라 바따라 훔 바탁

옴 바즈라 바따라 훔 바탁

옴 바즈라 바따라 훔 바탁

絹索手 _견 _삭 _수

02 **견삭수 진언**
온갖 불안한 마음에 평온함을 얻는 진언

옴 낄리낄라라 바라우다라 훔 바탁

옴 낄리낄라라 바라우다라 훔 바탁

옴 낄리낄라라 바라우다라 훔 바탁

옴 낄리낄라라 바라우다라 훔 바탁

옴 낄리낄라라 바라우다라 훔 바탁

옴 낄리낄라라 바라우다라 훔 바탁

옴 낄리낄라라 바라우다라 훔 바탁

옴 낄리낄라라 바라우다라 훔 바탁

옴 낄리낄라라 바라우다라 훔 바탁

옴 낄리낄라라 바라우다라 훔 바탁

옴 낄리낄라라 바라우다라 훔 바탁

옴 낄리낄라라 바라우다라 훔 바탁

옴 낄리낄라라 바라우다라 훔 바탁

옴 낄리낄라라 바라우다라 훔 바탁

옴 낄리낄라라 바라우다라 훔 바탁

옴 낄리낄라라 바라우다라 훔 바탁

03 **보발수 진언**
뱃속의 모든 질병을 낫게하는 진언

옴 낄리낄리 바즈라 훔 바탁

옴 낄리낄리 바즈라 훔 바탁

옴 낄리낄리 바즈라 훔 바탁

옴 낄리낄리 바즈라 훔 바탁

옴 낄리낄리 바즈라 훔 바탁

옴 낄리낄리 바즈라 훔 바탁

옴 낄리낄리 바즈라 훔 바탁

옴 낄리낄리 바즈라 훔 바탁

옴 낄리낄리 바즈라 훔 바탁

옴 낄리낄리 바즈라 훔 바탁

옴 낄리낄리 바즈라 훔 바탁

옴 낄리낄리 바즈라 훔 바탁

옴 낄리낄리 바즈라 훔 바탁

옴 낄리낄리 바즈라 훔 바탁

옴 낄리낄리 바즈라 훔 바탁

옴 낄리낄리 바즈라 훔 바탁

寶劍手
보검수

04 보검수 진언
모든 도깨비와 귀신을 항복시키는 진언

옴 떼제떼자 시비니 신데 사야야 훔 바탁

옴 떼제떼자 시비니 신데 사야야 훔 바탁

옴 떼제떼자 시비니 신데 사야야 훔 바탁

옴 떼제떼자 시비니 신데 사야야 훔 바탁

옴 떼제떼자 시비니 신데 사야야 훔 바탁

옴 떼제떼자 시비니 신데 사야야 훔 바탁

옴 떼제떼자 시비니 신데 사야야 훔 바탁

옴 떼제떼자 시비니 신데 사야야 훔 바탁

옴 떼제떼자 시비니 신데 사야야 훔 바탁

옴 떼제떼자 시비니 신데 사야야 훔 바탁

옴 떼제떼자 시비니 신데 사야야 훔 바탁

옴 떼제떼자 시비니 신데 사야야 훔 바탁

옴 떼제떼자 시비니 신데 사야야 훔 바탁

옴 떼제떼자 시비니 신데 사야야 훔 바탁

옴 떼제떼자 시비니 신데 사야야 훔 바탁

옴 떼제떼자 시비니 신데 사야야 훔 바탁

跋折羅手
발
절
라
수

 05 발절라수 진언
천신 악마 외도들을 항복시키는 진언

옴 디빠 디빠 디빠야 마하 쉬리예 사바하

옴 디빠 디빠 디빠야 마하 쉬리예 사바하

옴 디빠 디빠 디빠야 마하 쉬리예 사바하

옴 디빠 디빠 디빠야 마하 쉬리예 사바하

옴 디빠 디빠 디빠야 마하 쉬리예 사바하

옴 디빠 디빠 디빠야 마하 쉬리예 사바하

옴 디빠 디빠 디빠야 마하 쉬리예 사바하

옴 디빠 디빠 디빠야 마하 쉬리예 사바하

옴 디빠 디빠 디빠야 마하 쉬리예 사바하

옴 디빠 디빠 디빠야 마하 쉬리예 사바하

옴 디빠 디빠 디빠야 마하 쉬리예 사바하

옴 디빠 디빠 디빠야 마하 쉬리예 사바하

옴 디빠 디빠 디빠야 마하 쉬리예 사바하

옴 디빠 디빠 디빠야 마하 쉬리예 사바하

옴 디빠 디빠 디빠야 마하 쉬리예 사바하

옴 디빠 디빠 디빠야 마하 쉬리예 사바하

金剛杵手
금 강 저 수

06 **금강저수 진언**
모든 적을 물리치고 항복시키는 진언

옴 바즈라 그니쁘라 딥따야 사바하

옴 바즈라 그니쁘라 딥따야 사바하

옴 바즈라 그니쁘라 딥따야 사바하

옴 바즈라 그니쁘라 딥따야 사바하

옴 바즈라 그니쁘라 딥따야 사바하

옴 바즈라 그니쁘라 딥따야 사바하

옴 바즈라 그니쁘라 딥따야 사바하

옴 바즈라 그니쁘라 딥따야 사바하

옴 바즈라 그니쁘라 딥따야 사바하

옴 바즈라 그니쁘라 딥따야 사바하

옴 바즈라 그니쁘라 딥따야 사바하

옴 바즈라 그니쁘라 딥따야 사바하

옴 바즈라 그니쁘라 딥따야 사바하

옴 바즈라 그니쁘라 딥따야 사바하

옴 바즈라 그니쁘라 딥따야 사바하

옴 바즈라 그니쁘라 딥따야 사바하

施無畏手
시
무
외
수

 시무외수 진언
온갖 걱정과 공포, 두려움을 없애는 진언

옴 아발라나야 디쁘따야 훔 바탁

옴 아발라나야 디쁘따야 훔 바탁

옴 아발라나야 디쁘따야 훔 바탁

옴 아발라나야 디쁘따야 훔 바탁

옴 아발라나야 디쁘따야 훔 바탁

옴 아발라나야 디쁘따야 훔 바탁

옴 아발라나야 디쁘따야 훔 바탁

옴 아발라나야 디쁘따야 훔 바탁

옴 아발라나야 디쁘따야 훔 바탁

옴 아발라나야 디쁘따야 훔 바탁

옴 아발라나야 디쁘따야 훔 바탁

옴 아발라나야 디쁘따야 훔 바탁

옴 아발라나야 디쁘따야 훔 바탁

옴 아발라나야 디쁘따야 훔 바탁

옴 아발라나야 디쁘따야 훔 바탁

옴 아발라나야 디쁘따야 훔 바탁

일정마니수 진언
어두운 눈을 밝게하여 광명을 얻는 진언

옴 두삐두삐까야 두삐쁘라야 즈와리 사바하

옴 두삐두삐까야 두삐쁘라야 즈와리 사바하

옴 두삐두삐까야 두삐쁘라야 즈와리 사바하

옴 두삐두삐까야 두삐쁘라야 즈와리 사바하

옴 두삐두삐까야 두삐쁘라야 즈와리 사바하

옴 두삐두삐까야 두삐쁘라야 즈와리 사바하

옴 두삐두삐까야 두삐쁘라야 즈와리 사바하

옴 두삐두삐까야 두삐쁘라야 즈와리 사바하

옴 두삐두삐까야 두삐쁘라야 즈와리 사바하

옴 두삐두삐까야 두삐쁘라야 즈와리 사바하

옴 두삐두삐까야 두삐쁘라야 즈와리 사바하

옴 두삐두삐까야 두삐쁘라야 즈와리 사바하

옴 두삐두삐까야 두삐쁘라야 즈와리 사바하

옴 두삐두삐까야 두삐쁘라야 즈와리 사바하

옴 두삐두삐까야 두삐쁘라야 즈와리 사바하

옴 두삐두삐까야 두삐쁘라야 즈와리 사바하

月精摩尼手
월정마니수

월정마니수 진언
심한 열병을 앓을 때 청량함을 얻는 진언

옴 수싣디 까리 사바하

옴 수싣디 까리 사바하

옴 수싣디 까리 사바하

옴 수싣디 까리 사바하

옴 수싣디 까리 사바하

옴 수싣디 까리 사바하

옴 수싣디 까리 사바하

옴 수싣디 까리 사바하

옴 수신디 까리 사바하

옴 수신디 까리 사바하

옴 수신디 까리 사바하

옴 수신디 까리 사바하

옴 수신디 까리 사바하

옴 수신디 까리 사바하

옴 수신디 까리 사바하

옴 수신디 까리 사바하

寶弓手
보궁수

10 보궁수 진언
승진하거나 높은 관직을 얻는 진언

옴 아짜라비례 사바하

옴 아짜라비례 사바하

옴 아짜라비례 사바하

옴 아짜라비례 사바하

옴 아짜라비례 사바하

옴 아짜라비례 사바하

옴 아짜라비례 사바하

옴 아짜라비례 사바하

옴 아짜라비례 사바하

옴 아짜라비례 사바하

옴 아짜라비례 사바하

옴 아짜라비례 사바하

옴 아짜라비례 사바하

옴 아짜라비례 사바하

옴 아짜라비례 사바하

옴 아짜라비례 사바하

寶
箭
手

보
전
수

11 보전수 진언
착하고 좋은 친구와 동료 도반을 만나게 하는 진언

옴 까말라 사바하

옴 까말라 사바하

옴 까말라 사바하

옴 까말라 사바하

옴 까말라 사바하

옴 까말라 사바하

옴 까말라 사바하

옴 까말라 사바하

옴 까말라 사바하

옴 까말라 사바하

옴 까말라 사바하

옴 까말라 사바하

옴 까말라 사바하

옴 까말라 사바하

옴 까말라 사바하

옴 까말라 사바하

楊柳枝手
양
류
지
수

12 양류지수 진언
몸에 생긴 가지가지의 병을 없애는 진언

옴 수신디 까리야발라 따남따 무리따뜨예

즈바라 즈바라 반다 반다 하나 하나 훔 바탁

옴 수신디 까리야발라 따남따 무리따뜨예

즈바라 즈바라 반다 반다 하나 하나 훔 바탁

옴 수신디 까리야발라 따남따 무리따뜨예

즈바라 즈바라 반다 반다 하나 하나 훔 바탁

옴 수신디 까리야발라 따남따 무리따뜨예

즈바라 즈바라 반다 반다 하나 하나 훔 바탁

옴 수신디 까리야발라 따남따 무리따뜨예

즈바라 즈바라 반다 반다 하나 하나 훔 바탁

옴 수신디 까리야발라 따남따 무리따뜨예

즈바라 즈바라 반다 반다 하나 하나 훔 바탁

옴 수신디 까리야발라 따남따 무리따뜨예

즈바라 즈바라 반다 반다 하나 하나 훔 바탁

옴 수신디 까리야발라 따남따 무리따뜨예

즈바라 즈바라 반다 반다 하나 하나 훔 바탁

白拂手
백
불
수

13 **백불수 진언**
온갖 나쁜 장애와 곤란을 소멸하는 진언

옴 빠드마네 바가와띠 모하야

모하야 자가 마우마니 사바하

옴 빠드마네 바가와띠 모하야

모하야 자가 마우마니 사바하

옴 빠드마네 바가와띠 모하야

모하야 자가 마우마니 사바하

옴 빠드마네 바가와띠 모하야

모하야 자가 마우마니 사바하

옴 빠드마네 바가와띠 모하야

모하야 자가 마우마니 사바하

옴 빠드마네 바가와띠 모하야

모하야 자가 마우마니 사바하

옴 빠드마네 바가와띠 모하야

모하야 자가 마우마니 사바하

옴 빠드마네 바가와띠 모하야

모하야 자가 마우마니 사바하

寶_보瓶_병手_수

14

보병수 진언
가족과 친척 친구들이 화합하게 하는 진언

옴 삼까레 삼마얌 사바하

옴 삼까레 삼마얌 사바하

옴 삼까레 삼마얌 사바하

옴 삼까레 삼마얌 사바하

옴 삼까레 삼마얌 사바하

옴 삼까레 삼마얌 사바하

옴 삼까레 삼마얌 사바하

옴 삼까레 삼마얌 사바하

옴 삼까레 삼마얌 사바하

옴 삼까레 삼마얌 사바하

옴 삼까레 삼마얌 사바하

옴 삼까레 삼마얌 사바하

옴 삼까레 삼마얌 사바하

옴 삼까레 삼마얌 사바하

옴 삼까레 삼마얌 사바하

옴 삼까레 삼마얌 사바하

防牌手
방
패
수

15 방패수 진언
맹수로부터 피해를 당하지 않는 진언

옴 약사 나다야 까뜨라 다누

쁘리야 빠사빠사 사바하

옴 약사 나다야 까뜨라 다누

쁘리야 빠사빠사 사바하

옴 약사 나다야 까뜨라 다누

쁘리야 빠사빠사 사바하

옴 약사 나다야 까뜨라 다누

쁘리야 빠사빠사 사바하

옴 약사 나다야 까뜨라 다누

쁘리야 빠사빠사 사바하

옴 약사 나다야 까뜨라 다누

쁘리야 빠사빠사 사바하

옴 약사 나다야 까뜨라 다누

쁘리야 빠사빠사 사바하

옴 약사 나다야 까뜨라 다누

쁘리야 빠사빠사 사바하

16 월부수 진언
관재를 당하지 않고 벗어나는 진언

옴 비라 비라야 사바하

옴 비라 비라야 사바하

옴 비라 비라야 사바하

옴 비라 비라야 사바하

옴 비라 비라야 사바하

옴 비라 비라야 사바하

옴 비라 비라야 사바하

옴 비라 비라야 사바하

옴 비라 비라야 사바하

옴 비라 비라야 사바하

옴 비라 비라야 사바하

옴 비라 비라야 사바하

옴 비라 비라야 사바하

옴 비라 비라야 사바하

옴 비라 비라야 사바하

옴 비라 비라야 사바하

玉環手

옥

환

수

 17 ## 옥환수 진언
지식, 명망을 얻어 훌륭한 윗사람이 되게하는 진언

옴 빠드마 비라야 사바하

옴 빠드마 비라야 사바하

옴 빠드마 비라야 사바하

옴 빠드마 비라야 사바하

옴 빠드마 비라야 사바하

옴 빠드마 비라야 사바하

옴 빠드마 비라야 사바하

옴 빠드마 비라야 사바하

옴 빠드마 비라야 사바하

옴 빠드마 비라야 사바하

옴 빠드마 비라야 사바하

옴 빠드마 비라야 사바하

옴 빠드마 비라야 사바하

옴 빠드마 비라야 사바하

옴 빠드마 비라야 사바하

옴 빠드마 비라야 사바하

白蓮華手
백
련
화
수

18 ## 백련화수 진언
여러 공덕을 성취되게 하는 진언

옴 바즈라 비라야 사바하

옴 바즈라 비라야 사바하

옴 바즈라 비라야 사바하

옴 바즈라 비라야 사바하

옴 바즈라 비라야 사바하

옴 바즈라 비라야 사바하

옴 바즈라 비라야 사바하

옴 바즈라 비라야 사바하

옴 바즈라 비라야 사바하

옴 바즈라 비라야 사바하

옴 바즈라 비라야 사바하

옴 바즈라 비라야 사바하

옴 바즈라 비라야 사바하

옴 바즈라 비라야 사바하

옴 바즈라 비라야 사바하

옴 바즈라 비라야 사바하

青蓮華手

청련화수

19 청련화수 진언
서방 극락정토에 태어나길 원하는 진언

옴 까리까리 바즈라 바즈리 부라반누 훔 바탁

옴 까리까리 바즈라 바즈리 부라반누 훔 바탁

옴 까리까리 바즈라 바즈리 부라반누 훔 바탁

옴 까리까리 바즈라 바즈리 부라반누 훔 바탁

옴 까리까리 바즈라 바즈리 부라반누 훔 바탁

옴 까리까리 바즈라 바즈리 부라반누 훔 바탁

옴 까리까리 바즈라 바즈리 부라반누 훔 바탁

옴 까리까리 바즈라 바즈리 부라반누 훔 바탁

옴 까리까리 바즈라 바즈리 부라반누 훔 바탁

옴 까리까리 바즈라 바즈리 부라반누 훔 바탁

옴 까리까리 바즈라 바즈리 부라반누 훔 바탁

옴 까리까리 바즈라 바즈리 부라반누 훔 바탁

옴 까리까리 바즈라 바즈리 부라반누 훔 바탁

옴 까리까리 바즈라 바즈리 부라반누 훔 바탁

옴 까리까리 바즈라 바즈리 부라반누 훔 바탁

옴 까리까리 바즈라 바즈리 부라반누 훔 바탁

寶鏡手
보
경
수

20 보경수 진언
큰 지혜를 얻고자 할 때 성취되는 진언

옴 비스푸란 라끄사 바즈라 밤자라 훔 바탁

옴 비스푸란 라끄사 바즈라 밤자라 훔 바탁

옴 비스푸란 라끄사 바즈라 밤자라 훔 바탁

옴 비스푸란 라끄사 바즈라 밤자라 훔 바탁

옴 비스푸란 라끄사 바즈라 밤자라 훔 바탁

옴 비스푸란 라끄사 바즈라 밤자라 훔 바탁

옴 비스푸란 라끄사 바즈라 밤자라 훔 바탁

옴 비스푸란 라끄사 바즈라 밤자라 훔 바탁

옴 비스푸랄 라끄사 바즈라 빰자라 훔 바탁

옴 비스푸랄 라끄사 바즈라 빰자라 훔 바탁

옴 비스푸랄 라끄사 바즈라 빰자라 훔 바탁

옴 비스푸랄 라끄사 바즈라 빰자라 훔 바탁

옴 비스푸랄 라끄사 바즈라 빰자라 훔 바탁

옴 비스푸랄 라끄사 바즈라 빰자라 훔 바탁

옴 비스푸랄 라끄사 바즈라 빰자라 훔 바탁

옴 비스푸랄 라끄사 바즈라 빰자라 훔 바탁

紫蓮華手
자
련
화
수

21 자련화수 진언

시방의 모든 부처님을 친견하는 진언

옴 사라사라 바즈라 쁘라까아라 훔 바탁

옴 사라사라 바즈라 쁘라까아라 훔 바탁

옴 사라사라 바즈라 쁘라까아라 훔 바탁

옴 사라사라 바즈라 쁘라까아라 훔 바탁

옴 사라사라 바즈라 쁘라까아라 훔 바탁

옴 사라사라 바즈라 쁘라까아라 훔 바탁

옴 사라사라 바즈라 쁘라까아라 훔 바탁

옴 사라사라 바즈라 쁘라까아라 훔 바탁

옴 사라사라 바즈라 쁘라까아라 훔 바탁

옴 사라사라 바즈라 쁘라까아라 훔 바탁

옴 사라사라 바즈라 쁘라까아라 훔 바탁

옴 사라사라 바즈라 쁘라까아라 훔 바탁

옴 사라사라 바즈라 쁘라까아라 훔 바탁

옴 사라사라 바즈라 쁘라까아라 훔 바탁

옴 사라사라 바즈라 쁘라까아라 훔 바탁

옴 사라사라 바즈라 쁘라까아라 훔 바탁

寶 篋 手
보 협 수

22 **보협수 진언**
깊은 땅속의 보물을 얻는 진언

옴 바즈라 빠흐라 가가나 맘라 훔

옴 바즈라 빠흐라 가가나 맘라 훔

옴 바즈라 빠흐라 가가나 맘라 훔

옴 바즈라 빠흐라 가가나 맘라 훔

옴 바즈라 빠흐라 가가나 맘라 훔

옴 바즈라 빠흐라 가가나 맘라 훔

옴 바즈라 빠흐라 가가나 맘라 훔

옴 바즈라 빠흐라 가가나 맘라 훔

옴 바즈라 빠흐라 가가나 말라 훔

옴 바즈라 빠흐라 가가나 말라 훔

옴 바즈라 빠흐라 가가나 말라 훔

옴 바즈라 빠흐라 가가나 말라 훔

옴 바즈라 빠흐라 가가나 말라 훔

옴 바즈라 빠흐라 가가나 말라 훔

옴 바즈라 빠흐라 가가나 말라 훔

옴 바즈라 빠흐라 가가나 말라 훔

五色雲手
오
색
운
수

23 **오색운수 진언**
모든 신선의 도를 성취하게 하는 진언

옴 바즈라 깔리라따 맘타

옴 바즈라 깔리라따 맘타

옴 바즈라 깔리라따 맘타

옴 바즈라 깔리라따 맘타

옴 바즈라 깔리라따 맘타

옴 바즈라 깔리라따 맘타

옴 바즈라 깔리라따 맘타

옴 바즈라 깔리라따 맘타

옴 바즈라 깔리라따 맘타

옴 바즈라 깔리라따 맘타

옴 바즈라 깔리라따 맘타

옴 바즈라 깔리라따 맘타

옴 바즈라 깔리라따 맘타

옴 바즈라 깔리라따 맘타

옴 바즈라 깔리라따 맘타

옴 바즈라 깔리라따 맘타

君遲手

24 군지수 진언
내세에 범천에 태어나게 하는 진언

옴 바즈라 시카라루우따 맘타

옴 바즈라 시카라루우따 맘타

옴 바즈라 시카라루우따 맘타

옴 바즈라 시카라루우따 맘타

옴 바즈라 시카라루우따 맘타

옴 바즈라 시카라루우따 맘타

옴 바즈라 시카라루우따 맘타

옴 바즈라 시카라루우따 맘타

옴 바즈라 시카라루우따 맘타

옴 바즈라 시카라루우따 맘타

옴 바즈라 시카라루우따 맘타

옴 바즈라 시카라루우따 맘타

옴 바즈라 시카라루우따 맘타

옴 바즈라 시카라루우따 맘타

옴 바즈라 시카라루우따 맘타

옴 바즈라 시카라루우따 맘타

紅蓮華手

<ruby>紅<rt>홍</rt></ruby><ruby>蓮<rt>련</rt></ruby><ruby>華<rt>화</rt></ruby><ruby>手<rt>수</rt></ruby>

25 홍련화수 진언
미륵부처계신 도솔천에 태어나게 하는 진언

옴 삼까례 삼마얌 사바하

옴 삼까례 삼마얌 사바하

옴 삼까례 삼마얌 사바하

옴 삼까례 삼마얌 사바하

옴 삼까례 삼마얌 사바하

옴 삼까례 삼마얌 사바하

옴 삼까례 삼마얌 사바하

옴 삼까례 삼마얌 사바하

옴 삼까례 삼마얌 사바하

옴 삼까례 삼마얌 사바하

옴 삼까례 삼마얌 사바하

옴 삼까례 삼마얌 사바하

옴 삼까례 삼마얌 사바하

옴 삼까례 삼마얌 사바하

옴 삼까례 삼마얌 사바하

옴 삼까례 삼마얌 사바하

寶戟手

보

극

수

26 보극수 진언
외세의 침략을 물리치는 진언

옴 아사맘 기니하라 훔 바탁

옴 아사맘 기니하라 훔 바탁

옴 아사맘 기니하라 훔 바탁

옴 아사맘 기니하라 훔 바탁

옴 아사맘 기니하라 훔 바탁

옴 아사맘 기니하라 훔 바탁

옴 아사맘 기니하라 훔 바탁

옴 아사맘 기니하라 훔 바탁

옴 아사맘 기니하라 훔 바탁

옴 아사맘 기니하라 훔 바탁

옴 아사맘 기니하라 훔 바탁

옴 아사맘 기니하라 훔 바탁

옴 아사맘 기니하라 훔 바탁

옴 아사맘 기니하라 훔 바탁

옴 아사맘 기니하라 훔 바탁

옴 아사맘 기니하라 훔 바탁

寶 _보
螺 _라
手 _수

27 **보라수 진언**
하늘의 선신들을 불러 옹호받는 진언

옴 삼까례 마하 삼마얌 사바하

옴 삼까례 마하 삼마얌 사바하

옴 삼까례 마하 삼마얌 사바하

옴 삼까례 마하 삼마얌 사바하

옴 삼까례 마하 삼마얌 사바하

옴 삼까례 마하 삼마얌 사바하

옴 삼까례 마하 삼마얌 사바하

옴 삼까례 마하 삼마얌 사바하

옴 삼까례 마하 삼마얌 사바하

옴 삼까례 마하 삼마얌 사바하

옴 삼까례 마하 삼마얌 사바하

옴 삼까례 마하 삼마얌 사바하

옴 삼까례 마하 삼마얌 사바하

옴 삼까례 마하 삼마얌 사바하

옴 삼까례 마하 삼마얌 사바하

옴 삼까례 마하 삼마얌 사바하

髑髏寶杖手

촉
루
보
장
수

28 촉루보장수 진언
일체의 귀신들을 무릎꿇여 부리는 진언

옴 두우나 바즈라 하

옴 두우나 바즈라 하

옴 두우나 바즈라 하

옴 두우나 바즈라 하

옴 두우나 바즈라 하

옴 두우나 바즈라 하

옴 두우나 바즈라 하

옴 두우나 바즈라 하

옴 두우나 바즈라 하

옴 두우나 바즈라 하

옴 두우나 바즈라 하

옴 두우나 바즈라 하

옴 두우나 바즈라 하

옴 두우나 바즈라 하

옴 두우나 바즈라 하

옴 두우나 바즈라 하

數珠手
수 주 수

29 수주수 진언
모든 부처님이 손을 내밀어 연결되게 하는 진언

나모 라뜨나 뜨라야아야 옴 아드부떼

비야예 신디 신다르테 사바하

나모 라뜨나 뜨라야아야 옴 아드부떼

비야예 신디 신다르테 사바하

나모 라뜨나 뜨라야아야 옴 아드부떼

비야예 신디 신다르테 사바하

나모 라뜨나 뜨라야아야 옴 아드부떼

비야예 신디 신다르테 사바하

나모 라뜨나 뜨라야아야 옴 아드부떼

비야예 신디 신다르테 사바하

나모 라뜨나 뜨라야아야 옴 아드부떼

비야예 신디 신다르테 사바하

나모 라뜨나 뜨라야아야 옴 아드부떼

비야예 신디 신다르테 사바하

나모 라뜨나 뜨라야아야 옴 아드부떼

비야예 신디 신다르테 사바하

30 보탁수 진언
미묘하고 뛰어난 음성을 성취하는 진언

나모 빠드마 빠나예 옴 암르따

가메 쉬리예 쉬리 말리니 사바하

나모 빠드마 빠나예 옴 암르따

가메 쉬리예 쉬리 말리니 사바하

나모 빠드마 빠나예 옴 암르따

가메 쉬리예 쉬리 말리니 사바하

나모 빠드마 빠나예 옴 암르따

가메 쉬리예 쉬리 말리니 사바하

나모 빠드마 빠나예 옴 암르따

가메 쉬리예 쉬리 말리니 사바하

나모 빠드마 빠나예 옴 암르따

가메 쉬리예 쉬리 말리니 사바하

나모 빠드마 빠나예 옴 암르따

가메 쉬리예 쉬리 말리니 사바하

나모 빠드마 빠나예 옴 암르따

가메 쉬리예 쉬리 말리니 사바하

寶印手

보 寶
인 印
수 手

31 **보인수 진언**
감동적이고 뛰어난 말솜씨를 얻게하는 진언

옴 바즈라 지땀 자예 사바하

옴 바즈라 지땀 자예 사바하

옴 바즈라 지땀 자예 사바하

옴 바즈라 지땀 자예 사바하

옴 바즈라 지땀 자예 사바하

옴 바즈라 지땀 자예 사바하

옴 바즈라 지땀 자예 사바하

옴 바즈라 지땀 자예 사바하

옴 바즈라 지땀 자예 사바하

옴 바즈라 지땀 자예 사바하

옴 바즈라 지땀 자예 사바하

옴 바즈라 지땀 자예 사바하

옴 바즈라 지땀 자예 사바하

옴 바즈라 지땀 자예 사바하

옴 바즈라 지땀 자예 사바하

옴 바즈라 지땀 자예 사바하

俱尸鐵鉤手
구시철구수

 32 **구시철구수 진언**
선신과 천룡팔부들이 항상 지켜주는 진언

옴 아가르따라 그라 비사예 나마 사바하

옴 아가르따라 그라 비사예 나마 사바하

옴 아가르따라 그라 비사예 나마 사바하

옴 아가르따라 그라 비사예 나마 사바하

옴 아가르따라 그라 비사예 나마 사바하

옴 아가르따라 그라 비사예 나마 사바하

옴 아가르따라 그라 비사예 나마 사바하

옴 아가르따라 그라 비사예 나마 사바하

옴 아가르따라 그라 비사예 나마 사바하

옴 아가르따라 그라 비사예 나마 사바하

옴 아가르따라 그라 비사예 나마 사바하

옴 아가르따라 그라 비사예 나마 사바하

옴 아가르따라 그라 비사예 나마 사바하

옴 아가르따라 그라 비사예 나마 사바하

옴 아가르따라 그라 비사예 나마 사바하

옴 아가르따라 그라 비사예 나마 사바하

錫杖手
석
장
수

33 석장수 진언
자비심을 베풀어 중생을 보호하고 아끼는 진언

옴 느르띠 느르띠 느르따빠니

느르떼 느르뜨아 빠네 훔 바탁

옴 느르띠 느르띠 느르따빠니

느르떼 느르뜨아 빠네 훔 바탁

옴 느르띠 느르띠 느르따빠니

느르떼 느르뜨아 빠네 훔 바탁

옴 느르띠 느르띠 느르따빠니

느르떼 느르뜨아 빠네 훔 바탁

옴 ㄴㄹ띠 ㄴㄹ띠 ㄴㄹ따빠니

ㄴㄹ떼 ㄴㄹ뜨아 빠네 훔 바탁

옴 ㄴㄹ띠 ㄴㄹ띠 ㄴㄹ따빠니

ㄴㄹ떼 ㄴㄹ뜨아 빠네 훔 바탁

옴 ㄴㄹ띠 ㄴㄹ띠 ㄴㄹ따빠니

ㄴㄹ떼 ㄴㄹ뜨아 빠네 훔 바탁

옴 ㄴㄹ띠 ㄴㄹ띠 ㄴㄹ따빠니

ㄴㄹ떼 ㄴㄹ뜨아 빠네 훔 바탁

合掌手

합

장

수

 34 **합장수 진언**
생명있는 존재가 서로 공경심을 갖게 하는 진언

옴 빠드맘 잘림 흐리흐

옴 빠드맘 잘림 흐리흐

옴 빠드맘 잘림 흐리흐

옴 빠드맘 잘림 흐리흐

옴 빠드맘 잘림 흐리흐

옴 빠드맘 잘림 흐리흐

옴 빠드맘 잘림 흐리흐

옴 빠드맘 잘림 흐리흐

옴 빠드맘 잘림 흐리흥

옴 빠드맘 잘림 흐리흥

옴 빠드맘 잘림 흐리흥

옴 빠드맘 잘림 흐리흥

옴 빠드맘 잘림 흐리흥

옴 빠드맘 잘림 흐리흥

옴 빠드맘 잘림 흐리흥

옴 빠드맘 잘림 흐리흥

化佛手
화불수

35 화불수 진언
항상 부처님 곁에 있게하는 진언

옴 짠드라 바만뚤리 그리니 그리니 훔 바탁

옴 짠드라 바만뚤리 그리니 그리니 훔 바탁

옴 짠드라 바만뚤리 그리니 그리니 훔 바탁

옴 짠드라 바만뚤리 그리니 그리니 훔 바탁

옴 짠드라 바만뚤리 그리니 그리니 훔 바탁

옴 짠드라 바만뚤리 그리니 그리니 훔 바탁

옴 짠드라 바만뚤리 그리니 그리니 훔 바탁

옴 짠드라 바만뚤리 그리니 그리니 훔 바탁

옴 짠드라 바만뚤리 그리니 그리니 훔 바탁

옴 짠드라 바만뚤리 그리니 그리니 훔 바탁

옴 짠드라 바만뚤리 그리니 그리니 훔 바탁

옴 짠드라 바만뚤리 그리니 그리니 훔 바탁

옴 짠드라 바만뚤리 그리니 그리니 훔 바탁

옴 짠드라 바만뚤리 그리니 그리니 훔 바탁

옴 짠드라 바만뚤리 그리니 그리니 훔 바탁

옴 짠드라 바만뚤리 그리니 그리니 훔 바탁

化宮殿手
화궁전수

36 화궁전수 진언
항상 부처님 궁전에 머물러 환생하지 않는 진언

옴 비사라 비사라 훔 바탁

옴 비사라 비사라 훔 바탁

옴 비사라 비사라 훔 바탁

옴 비사라 비사라 훔 바탁

옴 비사라 비사라 훔 바탁

옴 비사라 비사라 훔 바탁

옴 비사라 비사라 훔 바탁

옴 비사라 비사라 훔 바탁

옴 비사라 비사라 훔 바탁

옴 비사라 비사라 훔 바탁

옴 비사라 비사라 훔 바탁

옴 비사라 비사라 훔 바탁

옴 비사라 비사라 훔 바탁

옴 비사라 비사라 훔 바탁

옴 비사라 비사라 훔 바탁

옴 비사라 비사라 훔 바탁

寶經手

37 보경수 진언
널리 배우고 닦아 총명함을 얻게 하는 진언

옴 아하라 사르바 비드야 다아라 뿌지떼 사바하

옴 아하라 사르바 비드야 다아라 뿌지떼 사바하

옴 아하라 사르바 비드야 다아라 뿌지떼 사바하

옴 아하라 사르바 비드야 다아라 뿌지떼 사바하

옴 아하라 사르바 비드야 다아라 뿌지떼 사바하

옴 아하라 사르바 비드야 다아라 뿌지떼 사바하

옴 아하라 사르바 비드야 다아라 뿌지떼 사바하

옴 아하라 사르바 비드야 다아라 뿌지떼 사바하

옴 아하라 사르바 비드야 다아라 뿌지떼 사바하

옴 아하라 사르바 비드야 다아라 뿌지떼 사바하

옴 아하라 사르바 비드야 다아라 뿌지떼 사바하

옴 아하라 사르바 비드야 다아라 뿌지떼 사바하

옴 아하라 사르바 비드야 다아라 뿌지떼 사바하

옴 아하라 사르바 비드야 다아라 뿌지떼 사바하

옴 아하라 사르바 비드야 다아라 뿌지떼 사바하

옴 아하라 사르바 비드야 다아라 뿌지떼 사바하

不退金輪手
불 퇴 금 륜 수

38 **불퇴전금륜수 진언**
깨달음을 얻을때까지 결코 물러나지 않게하는 진언

옴 제데미니 사바하

옴 제데미니 사바하

옴 제데미니 사바하

옴 제데미니 사바하

옴 제데미니 사바하

옴 제데미니 사바하

옴 제데미니 사바하

옴 제데미니 사바하

옴 쩨데미니 사바하

옴 쩨데미니 사바하

옴 쩨데미니 사바하

옴 쩨데미니 사바하

옴 쩨데미니 사바하

옴 쩨데미니 사바하

옴 쩨데미니 사바하

옴 쩨데미니 사바하

頂上化佛手
정상화불수

39 **정상화불수 진언**
시방의 부처님이 오셔서 마정수기를 하게 하시는 진언

옴 바즈리니 바르람게 사바하

옴 바즈리니 바르람게 사바하

옴 바즈리니 바르람게 사바하

옴 바즈리니 바르람게 사바하

옴 바즈리니 바르람게 사바하

옴 바즈리니 바르람게 사바하

옴 바즈리니 바르람게 사바하

옴 바즈리니 바르람게 사바하

옴 바즈리니 바르람게 사바하

옴 바즈리니 바르람게 사바하

옴 바즈리니 바르람게 사바하

옴 바즈리니 바르람게 사바하

옴 바즈리니 바르람게 사바하

옴 바즈리니 바르람게 사바하

옴 바즈리니 바르람게 사바하

옴 바즈리니 바르람게 사바하

葡萄手

 40 **포도수 진언**
풍요로운 수확물을 얻기를 바라는 진언

옴 아말라 깜띠떼지니 사바하

옴 아말라 깜띠떼지니 사바하

옴 아말라 깜띠떼지니 사바하

옴 아말라 깜띠떼지니 사바하

옴 아말라 깜띠떼지니 사바하

옴 아말라 깜띠떼지니 사바하

옴 아말라 깜띠떼지니 사바하

옴 아말라 깜띠떼지니 사바하

옴 아말라 깜띠떼지니 사바하

옴 아말라 깜띠떼지니 사바하

옴 아말라 깜띠떼지니 사바하

옴 아말라 깜띠떼지니 사바하

옴 아말라 깜띠떼지니 사바하

옴 아말라 깜띠떼지니 사바하

옴 아말라 깜띠떼지니 사바하

옴 아말라 깜띠떼지니 사바하

甘露手

감

로

수

 41 감로수 진언
목마르고 배고픈 중생들의 한없는 고통을 멎게하는 진언

옴 수루수루 쁘라수루 쁘라수루

수루수루야 사바하

옴 수루수루 쁘라수루 쁘라수루

수루수루야 사바하

옴 수루수루 쁘라수루 쁘라수루

수루수루야 사바하

옴 수루수루 쁘라수루 쁘라수루

수루수루야 사바하

옴 수루수루 쁘라수루 쁘라수루

수루수루야 사바하

옴 수루수루 쁘라수루 쁘라수루

수루수루야 사바하

옴 수루수루 쁘라수루 쁘라수루

수루수루야 사바하

옴 수루수루 쁘라수루 쁘라수루

수루수루야 사바하

總攝千臂手

총섭천비수

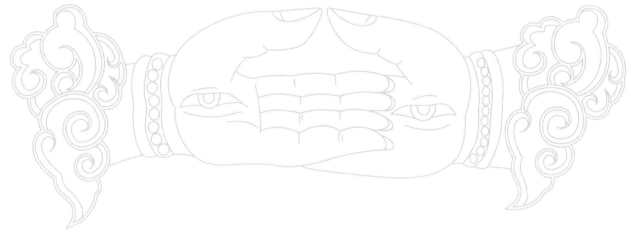

42 **총섭천비수 진언**
어떠한 장애라도 이겨내는 진언

옴 따드야타 아발로키떼스바라야

사르바두스따 우하미야 사바하

옴 따드야타 아발로키떼스바라야

사르바두스따 우하미야 사바하

옴 따드야타 아발로키떼스바라야

사르바두스따 우하미야 사바하

옴 따드야타 아발로키떼스바라야

사르바두스따 우하미야 사바하

옴 따드야타 아발로키떼스바라야

사르바두스따 우하미야 사바하

옴 따드야타 아발로키떼스바라야

사르바두스따 우하미야 사바하

옴 따드야타 아발로키떼스바라야

사르바두스따 우하미야 사바하

옴 따드야타 아발로키떼스바라야

사르바두스따 우하미야 사바하

발원문

관세음보살 42수 진언

초판 1쇄 인쇄 | 2023년 05월 15일
초판 1쇄 발행 | 2023년 05월 27일

엮 은 이 | 해강
그 린 이 | 전장현
펴 낸 이 | 고미경
편   집 | 고미숙
디 자 인 | 송해용
펴 낸 곳 | 도서출판 가산북

등록번호 | 제2022-000003호(2022년 3월 2일)
주   소 | 11142 경기도 포천시 포천로 1644, 102-1101
전화번호 | 070-8285-3505
전자우편 | gasanbook@daum.net
홈페이지 | http://www.gasanbook.com

ISBN : 979-11-978179-1-5(03220)
값 : 13,000원